# CATALOGUE

# D'ESTAMPES

## ANCIENNES

## Dessins de toutes les écoles

### LIVRES A FIGURES

*Composant la Collection de feu M. Lal.*

DONT LA VENTE AUX ENCHÈRES PUBLIQUES AURA LIEU

# HOTEL DROUOT, SALLE N° 4

Au premier étage.

## Les Mardi 3 et Mercredi 4 Juin 1873

A DEUX HEURES PRÉCISES

M° **DELBERGUE-CORMONT**, Commissaire-Priseur,
rue de Provence, 8,

M. **CLÉMENT**, Marchand d'Estampes de la Bibliothèque Nationale,
rue des Saints-Pères, 3.

EXPOSITION PUBLIQUE : *Le Lundi 2 Juin 1873, de 1 heure à 4 heures.*

PARIS — 1873

# CATALOGUE

# D'ESTAMPES

## ANCIENNES

### Dessins de toutes les écoles

#### LIVRES A FIGURES

*Composant la Collection de feu M. Lalanne*

FONT LA VENTE AUX ENCHÈRES PUBLIQUES AURA LIEU

## HOTEL DROUOT, SALLE N° 4

Au premier étage.

### Les Mardi 3 et Mercredi 4 Juin 1873

A DEUX HEURES PRÉCISES

Mᵉ **DELBERGUE-CORMONT**, Commissaire-Priseur,
rue de Provence, 8,

M. **CLÉMENT**, Marchand d'Estampes de la Bibliothèque Nationale,
rue des Saints-Pères, 3.

EXPOSITION PUBLIQUE : *Le Lundi 2 Juin 1873, de 1 heure à 4 heures.*

**PARIS — 1873**

## CONDITIONS DE LA VENTE

———

Elle sera faite au comptant.

Les acquéreurs paieront *cinq pour cent* en sus du prix des adjudications.

Les attributions de l'amateur pour les dessins ont été conservées.

———

## Ordre des Vacations

*Mardi 3 Juin.* Estampes...... N° 84 à la fin.

*Mercredi 4 Juin.* Dessins...... N° 1 à 83.

A la fin de chaque vacation, il sera vendu par lots environ trois à quatre mille Dessins et Estampes.

Paris. — Typ. PILLET fils aîné, 5, rue des Grands-Augustins.

# DÉSIGNATION

## DESSINS

**1 Antonissen** (A.-J.). Paysage d'une vaste étendue ; sur le devant, un troupeau traverse un ravin. A l'aquarelle.

**2 Barbarelli** (G.), dit le **Giorgion.** Étude pour l'un de ses tableaux. Beau dessin à la plume, lavé de bistre.

**3 Barbieri** (G.-Fr.), dit le **Guerchin.** Paysage. Des voyageurs sur une route montueuse. A la plume.

3 *bis* — Études de têtes et de guerriers. Deux dessins à la plume, lavés de bistre.

**4 Baroche** (F.). Portait de femme. Au trois crayons.

**5 Bega.** Etude de jeune femme jouant du tambourin. Au crayon noir, rehaussé de blanc.

**6 Berghem** (N.). Paysage ; sur le devant, une paysanne montée sur un mulet, à son côté, un homme conduisant un bœuf ; vers la gauche, une autre paysanne portant une hotte sur son dos. Beau dessin à la plume, lavé de bistre.

**7 Boilly.** La Laitière. Beau dessin à la plume, lavé de bistre et rehaussé de blanc ; sur papier bleu.

**8** — Portrait d'homme en buste. Portrait de femme assise et lisant. Deux dessins au crayon noir, rehaussés de blanc.

**9 Boissieu** (J.-J. de). Intérieur de la chambre à coucher de ses parents, en 1788. A la plume, lavé d'encre de Chine et d'aquarelle.

10 **Boucher** (F.). Le Lever. Au crayon rouge, rehaussé de blanc.

11 — Amours couchés sur des fleurs. Beau dessin aux trois crayons.

12 — Jeune femme assise à moitié nue. Beau dessin aux trois crayons.

13 — Jeune femme tenant un enfant. — Amours. Deux dessins à la plume et à la sanguine.

14 — Jeune femme assise soutenant un bouclier. A la sanguine.

15 **Caravage** (Polidore de). Vases. — Ornement par Marot, pour un plafond, etc. Quatre dessins à la plume et à l'aquarelle.

16 **Caresme.** Satyres et Bacchantes. A la plume, lavé de bistre.

17 **Carmontelle.** Portrait de madame Geoffrin. Beau portrait aux trois crayons.

18 **Carrache** (L.). L'Adoration des Mages. A la plume, lavé de bistre.

19 **Castiglione.** Guerriers apportant des présents à leur chef. Dessin à la plume, lavé d'encre de Chine et rehaussé de blanc.

20 — Bacchantes endormies. Beau dessin à la plume et au bistre.

21 **Chardin** (S.). Le Compositeur de musique. Beau dessin à l'aquarelle.

22 — Les Joueurs. Très-joli dessin à la plume, lavé et signé Chardin, 1769.

23 — Groupe de trois personnages sur une place publique. — Jeune Dame et jeune Seigneur à la promenade. Deux jolis dessins à la plume et au crayon rouge.

24 — Le Sculpteur. A la plume lavé de bistre.

25 — Etudes de têtes et sujets divers. Cinq dessins aux divers crayons.

26 **Coustou et Rigaud.** Portrait de Coisevox. — Portrait d'homme. Deux dessins au crayon noir et à la sanguine.

27 **David et Decamps.** La Nativité. — Soldat arabe assis. Deux dessins à la plume et au fusain.

28 **Eisen** (Ch.). Le Villageois qui cherche son veau. — La Jument du compère Pierre. Deux très-jolis dessins tirés des contes de Lafontaine ; à la plume, lavés d'aquarelle.

29 — Paysage ; sur le devant, un berger et une bergère. A la plume, lavé de bistre.

30 **Favrey** (Ch.). Jeune femme debout, tenant un éventail. — Jeune femme assise, appuyée sur une table. Deux dessins aux crayons noir et blanc, sur papier bleu.

31 **Fragonard** (H.). Les Oies de frère Philippe. Charmant dessin à la plume, lavé d'aquarelle.

32 — Jeune berger endormi. Au crayon noir et blanc, sur papier bleu.

33 — Honni soit qui mal y pense. A la plume, lavé de bistre et rehaussé de blanc.

34 — Vue d'un parc ; sur le devant, un groupe de plusieurs personnages. Beau dessin à la sanguine.

35 — Vue d'un parc, sur le devant, deux bergers assis. — autre vue. Deux dessins à la sanguine et au crayon noir.

36 — Paysages et ruines. Quatre dessins à la sanguine.

37 **Fragonard** (N.). La Trappe perfide. Beau dessin à la plume, lavé de bistre.

38 **Gavarni.** Jeune femme masquée, lisant une lettre. Au crayon.

39 **Girodet.** Femme assise, vue de dos. — Jeune femme debout, suivie de l'Amour. Deux dessins aux crayons noir et blanc.

40 **Gravelot.** Le Lavement. — Les Amants surpris. Deux dessins à la plume, lavés d'encre de Chine.

41 — L'Amour sur des nuages est imploré par des amants et leurs maîtresses. A la plume, lavé d'encre de Chine.

42 **Greuze** (J.-B.). Quatre personnes dans un intérieur. Joli croquis à la plume, lavé de bistre.

43 **Gros** (A.-L.). L'Évanouissement d'Esther. Beau dessin au crayon noir, rehaussé de blanc.

44 **Hilair** (B.). Les Baigneuses. Deux très-beaux dessins à l'aquarelle, signés : B. Hilair, 1794.

45 **Hugtenburgh** (J. Van). Combat de cavalerie. Très-beau dessin à la plume, lavé d'encre de Chine et de bistre.

46 **Jacques** (Ch.). Intérieur de chaumière. — Le Cordonnier. Deux dessins au crayon noir.

47 **Jeaurat.** Jeune fille assise et dormant. Au crayon noir, rehaussé de blanc.

48 **La Rue.** Bacchanale. Très-joli dessin à la plume, lavé de bistre. Il est entouré d'une bordure ornementée.

49 **Le Bas.** Nicaise. — Les Troqueurs. Deux dessins tirés des contes de Lafontaine, à la plume et mine de plomb.

50 **Natoire** (C.) La Vierge et l'enfant Jésus. — Jeune femme nue couchée sur des draperies. Deux beaux dessins aux crayons noir et blanc, sur papier bleu.

51 **Nicolle.** Vues de Rome. Quatre dessins à la plume, lavés d'encre de Chine.

52 — Vues de Rome et des environs. Deux dessins à l'aquarelle.

53 **Oudry** (J.-B.). Deux hommes et une femme faisant de la musique en présence de deux autres personnes. A la plume, lavé à l'encre de Chine et rehaussé de blanc.

54 — Entrée d'un parc. Beau dessin aux crayons noir et blanc, sur papier bleu.

55 — Vue de l'entrée du château de Sceaux. Beau dessin aux crayons noir et blanc, sur papier bleu.

56 **Prud'hon** (P.-P.). Portraits de l'empereur Napoléon et de l'impératrice Marie-Louise. Deux dessins au crayon noir.

57 **Pujos** (A.). Portrait de J. d'Alembert. Joli dessin aux crayons noir et blanc; a été gravé par Maleuvre.

58 **Raffet.** Militaire vu de dos et appuyé sur son fusil. A la plume.

59 **Rembrandt.** Le Portement de croix. — l'Ange apparaissant à Tobie. — Vieillard assis et lisant. Trois dessins à la plume.

60 **Robert** (Hubert). Vue de Paris, prise du bas de la Grève avant la démolition des maisons du pont Notre-Dame. Très-beau dessin à l'aquarelle.

61 — Ruines; sur le devant, un puits. Beau dessin à l'aquarelle.

62 — Vue de l'arc de Constantin. A l'aquarelle.

63 **Robusti** (J.), dit le Tintoret. La Chute des anges rebelles.
A la plume, rehaussé de blanc.

64 **Rubens** (P.-P.). Vénus et Adonis, d'après le Tintoret.
Dessin aux trois crayons.

65 — Etude pour un sujet de bataille. A la sanguine.

66 — Mercure. Beau dessin aux trois crayons.

67 **Saint-Aubin** (G. de). Guerriers romains combattant. Au
crayon noir.

68 — Alexandre et la famille de Darius. — Séance de pres-
tidigitation. Deux dessins à la plume, lavés de bistre.

69 — L'Amour entre un jeune Romain et sa maîtresse. Dessin
de forme ovale d'après un camée. A la plume, lavé.

70 **Salvator Rosa**. L'Assomption de la Vierge. A la plume,
lavé de bistre.

71 **Saly** (Jac.). Figure de Vestale. Joli dessin à la sanguine.

72 **Sanzio** (attribué à Raphaël). La Vierge de la maison
d'Albe. A la plume.

73 — La Sainte Famille. Beau dessin à la plume, lavé de
bistre.

74 — Sainte Catherine d'Alexandrie. A la plume, lavé de
bistre.

75 **Silvestre** (Israël). Vues d'Italie. Quatre dessins à la
plume.

76 **Swebach**. Halte de chasseurs devant une auberge. A la
plume, lavé de bistre.

77 **Vinci** (Léonard de). Tête de Christ. Beau dessin à la
plume, lavé d'encre de Chine.

78 **Wille** (J.-G.). Paysage. Joli dessin à la plume, lavé de
bistre.

79 **Wille fils.** Mendiants demandant l'aumône. — Le joueur de vielle, etc. Trois dessins à la plume. Signés.

80 — L'Heureux ménage. A la plume, lavé d'encre de Chine.

81 ~~Wouwermans.~~ Halte de cavalerie. A la plume, lavé de bistre.

82 **Zucarelli.** Paysages pris dans la campagne romaine. Quatre dessins à la plume, lavés de bistre et d'encre de de Chine, réhaussés de blanc.

83 Sous ce numéro il sera vendu par lots, environ quatre à cinq cents dessins de toutes les écoles.

---

# ESTAMPES

84 **Baudoin** (d'après). L'Enlèvement nocturne par Ponce. Très-belle épreuve.

85 — Le Curieux, gravé par Malœuvre. Belle épreuve.

86 **Beauvarlet.** Portrait de madame la comtesse Du Barry, d'après Drouais. Très-belle épreuve avant la lettre.

87 **Beljambe et Blot.** L'Amour s'endormant sur le sein de Psyché, d'après Renaud. — La Bonté maternelle, d'après Aubry, etc. Quatre pièces.

88 **Berghem** (N.). La Vache qui pisse. Belle épreuve du deuxième état.

89 **Boilly** (d'après). Avant la toilette. — L'Etude de la musique. Deux pièces.

90 **Boissieu** (J.-J. de). Saint Jérôme (cat. Rigal, 2.). Très-belle épreuve.

91 — Vue du passage du Garillano, en Italie (31). Très-belle épreuve.

92 — Vue du temple du Soleil, de l'arc de Titus, et fragment du palais des Empereurs (32). — Vue d'Aquapendante (33). Deux pièces. Très-belles épreuves.

93 — Vue du temple de Vesta et des vestiges d'anciens aqueducs (34). Très-belle épreuve.

94 — Vue du temple de la Sybille et de la cascade à Tivoli (30). — Vue du sépulcre de Cecilia Metella (36). Deux pièces. Très-belles épreuves.

95 — Vue près de l'Arbresle, en Lyonnais (40). Très-belle épreuve.

96 — Vue du pont de Lucano, sur la route de Rome à Tivoli (36). Vue de Saint-Andéol (41). Deux pièces. Très-belles épreuves.

97 — Vue des bords de la rivière d'Ain (42). — Ile couverte de bois (86). Deux pièces. Très-belles épreuves.

98 — Vue du Champ-Verd, près de Lyon. — Vue du château de Madrid, près Paris (43 et 44). Deux pièces. Superbes épreuves du premier état, avant l'adresse d'Artaria.

99 — Sujets divers. Treize pièces.

100 **Bonasone** (J.). Judith chargeant sa suivante de la tête d'Holopherne (B. 9). Belle épreuve.

101 **Both** (H.). Neuf pièces de son œuvre, quelques-unes sont doubles. Anciennes épreuves.

102 **Boucher** (d'après). La Toilette de Vénus. Très-belle épreuve avant toutes lettres.

103 — Première vue de Charenton. — Seconde vue des environs de Charenton. Deux pièces gravées par le Bas. Très-belles épreuves.

104 — La Vendange. — Jeannette. — Ariane, gravé par
Demarteau, d'après Huet. — M^{lle} Camargo, d'après
Lancret, etc. Cinq pièces.

105 **Bry** (Th. de). La Danse des paysans. Belle épreuve.

106 **Callot** (J.). La Lumière du cloître. — Les Grandes mi-
sères de la guerre. — Les Gueux. Les Apôtres. La No-
blesse, etc. Cent cinq pièces.

107 **Daullé** (J.). Les Tendres adieux de la laitière, — l'École
champêtre. — La Surprise du vin. Trois pièces d'après
le Nain. Très-belles épreuves.

108 **Daullé, Gaillard et Flipart**. La Lanterne magique,
d'après Pierre. — La Chasse à l'ours, d'après Vanloo. —
La Récréation champêtre, d'après le Prince. Trois pièces.

109 **Delaune** (Et.). Frise d'ornement. Très-belle épreuve.

110 **Drevet** (P.). Samuel Bernard. Belle épreuve.

111 **Durer** (Albert). L'Enlèvement d'Amymone (B. 71).
Superbe épreuve.

112 — L'Oisiveté (B. 76).

113 **Eisen et Pierre** (d'après). Le Savoyard. — La Sa-
voyarde. — La Cuisinière charitable. Trois pièces, gravées
par de Larmessin et Chevillet.

114 **Flamen** (Albert). Vues de divers paysages, au naturel
d'alentour de Paris. Seize pièces.

115 — Différents poissons. Six pièces.

116 **Fragonard** (d'après). La Fontaine d'Amours. Très-
belle épreuve.

117 **Galestruzzi**. Silène monté sur un âne (B. 14). — Bacchanale (B. 15). Deux pièces. Très-belles épreuves avant
les inscriptions.

118 **Galle** (Ph.). Samson et Dalila, d'après Hemskerk. —
l'Enfant prodigue dissipant son bien, gravé par Matham.
Deux pièces.

119 **Gellée** (Cl.) dit **Claude le Lorrain.** Le Bouvier
(R. D. 8). Belle épreuve.

120 — La Tempête (5). — La Danse sous les arbres (10). — Le
Port de mer à la grosse tour (13). — Le Pont de bois (14).
— Le Troupeau en marche par un temps orageux (18), —
Le Chevrier (19). — Berger et bergère conversant (21).
— Le Pâtre et la bergère (25). — Les quatreChèvres. Dix
pièces.

121 **Gerard** (d'après M^lle). L'Espoir du retour, gravé par
Gerard. Belle épreuve.

122 **Gessner** (S.). Son œuvre en seize pièces. Très-belles
épreuves.

123 **Gheyn** (J. de) **et Goltzius.** Sujets divers. Douze
pièces.

124 **Goyen** (Van). Paysages. Six pièces.

125 **Hoin** (d'après). Le Prélude amoureux. — L'Ecueil de la
sagesse. Deux pièces gravées par Monchy. Très-belles
épreuves.

126 **Jordaens** (J.). Jésus chassant les vendeurs du temple.
Pièce gravée à l'eau-forte.

127 **La Hyre** (Laurent de). Paysages et sujets religieux et
autres. Dix pièces.

128 **Lautensack.** Paysage (B. 26). — Vue d'une petite
ville (B. 44). Deux pièces.

129 **Laverince** (d'après). Les Quatre parties du jour.
Quatre pièces gravées en couleur. Très-belles épreuves.

130 — Les Trente-deux filles dans l'allée des Soupirs. Très-
jolie pièce. Très-belle épreuve.

131 **Lebrun** (Ch.). Les Quatre parties du jour. Très-belles
épreuves.

132 **Levilly.** Faites la paix. — La Folie du jour. — L'Amuse-
ment de la campagne, d'après Boilly, etc. 4 pièces.

133 **Leyde** (L. de). Le Moine Sergius tué par Mahomet
(B. 126).

134 **Mallet** (D'après). Julie ou le Premier baiser de l'A-
mour, gravé par Copia. Très-belle épreuve.

135 **Manglard.** Paysages. 9 pièces.

136 **Mantegna** (A). Les Soldats portant des trophées (B. 13).
Belle épreuve.

137 **Marot** (J.). Les Eglises de Paris. 18 pièces.

138 **Masson et Van Schuppen.** Brisacier, d'après Mi-
gnard. — Louis, Dauphin de France, d'après de Troy.
2 pièces.

139 **Matham** (J.). Divers sujets de mythologie, d'après
H. Goltzius (B. 278, 285). 6 pièces.

140 — Vénus et l'Amour. — Pyrame et Thisbé, etc. 5 pièces.

141 **Miger.** Hubert Robert, d'après Isabey. — Laurent Cars,
d'après Cochin. 2 pièces.

142 **Moreau, Darcis, Bartolozzi**, etc. La Grande toilette. — Epreuve à l'état d'eau-forte. — La Vertu. — La
Raison. 22 pièces dont quelques-unes en couleur.

143 **Muller** (J.). Les Trois Parques filant la vie des hommes.
(B. 31). — Un faune se faisant ôter une épine du pied (71).
2 pièces.

144 **Nanteuil** (R.). Fouquet (Basile) (R. D. 97). Très-belle
épreuve.

145 — Le Tellier (Charles-Maurice), archevêque de Reims
(R. D. 139). Très-belle épreuve.

146 — Michel Le Tellier. — J. de Mesgrigny. — Payen-Deslandes. — Mazarin, etc. 5 pièces.

147 **Ostade** (Adrien Van). 37 pièces de son œuvre et autres maîtres.

148 **Perelle.** Vue des châteaux de France. 25 pièces.

149 **Porporati.** Le Coucher, d'après Vanloo. — Les Enfants du duc de Savoie, par Beauvarlet, d'après Drouais. — Pan et Syrinx, d'après Boucher, etc. 4 pièces.

150 **Raymondi** (Marc-Antoine). Dieu ordonnant à Noé de bâtir l'arche (B. 3). Copie : — Ananie frappé de mort (B. 42), par A. Venitien. — Hercule et Anthée (B. 347), par A. Venitien, etc. 4 pièces.

151 — La Vierge assise sur des nues (B. 47).

152 — L'Enlèvement d'Hélène (B. 209). Belle épreuve.

153 — Le même sujet, gravé par Marc de Ravenne (B. 210). Belle épreuve. Saint Michel combattant le dragon, par Eneas Vico. 2 pièces.

154 — L'Amour et les trois enfants (B. 320). Très-belle épreuve. Rare.

155 — Vénus blessée par l'épine d'un rosier (321). — La Force (395). — Vénus se tirant une épine du pied. 3 pièces gravées par Marc de Ravenne.

156 — Jupiter embrassant l'Amour. (B. 342). — Cupidon et les trois Grâces (B. 344). 2 pièces. Belles épreuves.

157 — Le Groupe tiré de l'école d'Athènes, d'après Raphaël (B. 472), gravé par Augustin Vénitien. Très-belle épreuve.

158 **Regnault.** Le Baiser à la dérobée, d'après Fragonard. Superbe épreuve avant la lettre.

159 **Rembrandt** (P. Van Rhin). Portrait de Rembrandt aux cheveux hérissés (B. 8).

160 — Portrait de Rembrandt et de sa femme (B. 19).

161 — Joseph racontant ses songes à sa famille (B. 37). Très-belle épreuve.

162 — David priant Dieu (B. 41). Deux épreuves, très-belles.

163 — La Vierge et l'enfant Jésus sur des nuages (B. 61). Belle épreuve.

164 — Jésus au milieu des docteurs. (B. 64). Belle épreuve.

165 — Le Denier de César (B. 68). Très-belle épreuve du deuxième état; plus une épreuve du troisième état. 2 pièces.

166 — Jésus-Christ chassant les vendeurs du temple (B. 69). Très-belle épreuve du premier état; l'homme tombé sur le dos, au-dessous du bœuf, a le haut du visage plus clair, la bouche plus petite et moins travaillée.

167 — Résurrection de Lazare (B. 72). Très-belle épreuve.

168 — Les Disciples d'Emmaüs (B. 87). Très-belle épreuve tirée avec les barbes du travail à la pointe sèche.

169 — La Mort de la Vierge (B. 99), cl. 102. Très-belle épreuve.

170 — Chasse aux lions (B. 115). Autre chasse aux lions (B. 116.). 2 pièces. Très-belles épreuves.

171 — Trois figures orientales (B. 118). Belle épreuve.

172 — La faiseuse de Kouk's (B. 124). Deux épreuves dont une très-belle.

173 — La Coupeuse d'ongles (B. 127). Très-belle épreuve.

174 — Petite tête grotesque (B. 327). Très-belle épreuve avant la taille croisée au bas de l'épaule. *Rare.*

175 — Griffonnements où se voit la tête de Rembrandt (B. 363). Très-belle épreuve.

176 — (Ecole de). Boos et Ruth (B. suppl. 2). Nativité de Jésus-Christ (4). Deux pièces. Très-belles épreuves.

177 — Sous ce numéro, il sera vendu un portefeuille contenant environ 150 eaux-fortes par Rembrandt.

178 **Roger** (B.). Le Repentir la suit, d'après Prud'hon. Très-belle épreuve avant la lettre.

179 **Ruysdael** (J.). Le Petit pont (B.1). — Les deux paysans et leur chien (2). — La chaumière au sommet de la colline (3). Quatre pièces dont une double.

180 **Saint-Aubin** (A. de). Jupiter et Léda, d'après P. Véronèse. Très-belle épreuve avant la lettre. Les armes ont été grattées.

181 **Saint-Aubin** (d'après A. de). Le Réfractaire amoureux. — Familiarité dangereuse. — Le petit Vaux-Hall, par P. A. Wille fils, etc. Quatre pièces.

182 **Saint-Aubin** (G. de). Méroppe (P. de B. 34). — Deux vignettes gravées sur la même planche pour la tragédie de Tancrède. 35, 36. Très-belles épreuves.

183 **Schmidt** (G.-F.). Jean-Baptiste Rousseau, d'après Aved. Très-belle épreuve.

184 — Vieillard à barbe (11). Très-belle épreuve.

185 — Un vieillard habillé en persan d'après Rembrandt (120). Très-belle épreuve.

186 — Vieillard habillé à l'orientale (120). Très-belle épreuve.

187 — Portrait d'un jeune seigneur d'après Rembrandt (124). Très-belle épreuve.

188 — Buste de madame Schmidt (136). Très-belle épreuve.

189 Portrait du juif Hirsch Michel. (144). Très-belle épreuve.

190 — Notre Seigneur présenté au peuple (159). Très-belle épreuve.

191 **Schall** (d'après). L'Elisée. — Le Rocher de Meillerie. — Le Premier mouvement de la nature. Trois pièces gravées par A. Le Grand. Très-belles épreuves.

192 **Silvestre** (J.). Vues de Paris. 24 pièces dont quelques-unes très-rares.

193 — Vues de province. 23 pièces.

194 — Vues d'Italie, 49 pièces.

195 **Subleyras.** Le Serpent d'airain (R. D. 2). La sainte Famille, gravée par Parrocel. Deux pièces.

196 **Swanwelt** (P. Van). Paysage (B. 88, 85 et 96). Trois pièces. Très-belles épreuves avec *l'excudet*.

197 — Paysages divers. 33 pièces.

198 **Taraval** Le Pape portant le Saint-Sacrement le jour de la Fête-Dieu, à Rome, 1788, d'après Lesueur. Deux épreuves, dont une à l'eau-forte pure et avant la lettre.

199 **Uliet** (J.-G. Van). Le Baptême de l'eunuque (B. 12). Très-belle épreuve.

200 **Visscher** (C.). La Bohémienne. — Le Marchand de mort aux rats. — La Fricasseuse. Trois pièces.

201 — Buste de femme d'après le Corrège. — Suzanne surprise par les deux vieillards. — Arrivée d'Abraham à Sichem. Trois pièces.

202 **Waterloo** (Ant.). Paysages. 35 pièces anciennes épreuves.

203 — Sous ce numéro, il sera vendu 25 portefeuilles de gravures anciennes de toutes les écoles.

# LIVRES A FIGURES

204 Les Loges de Raphaël, gravées par H. Borgiani. 1 vol. in-4 oblong, vél.

205 Les Travaux d'Ulysse, desseignez par le sieur de Sainct Martin, de la façon qu'ils se voyent dans la maison royalle de Fontainebleau. Peints par le sieur Nicolas et gravés par Th. van Tulden. Paris, 1639, 1 vol in-4 oblong, veau.

206 Le Cabinet des beaux-arts ou Recueil d'estampes gravées d'après les tableaux d'un plafond où les beaux-arts sont représentés. Paris, 1690.

207 Description des principales pierres gravées du cabinet de S. A. S. monseigneur le duc d'Orléans. Paris 1780, 2 vol. in-fol., d.-rel.

208 Les Ruines des plus beaux monuments de la Grèce, considérées du côté de l'histoire et du côté de l'architecture, par M. le Roy. Paris, 1770, deux tomes en 1 vol. in-fol., cart.

209 Vues de Venise, par Marieschi. Suite de vingt-deux pièces en 1 vol. in-fol. oblong, cartonné.

210 Panorama d'Egypte et de Nubie, avec un portrait de Méhémet-Ali et un texte orné de vignettes, par Hector Horeau, architecte. Paris, 1841, 1 vol. in-fol., d.-rel.

211 Plan de Paris, par Turgot. 1 vol. in-fol., maroq. rouge, aux armes de la ville de Paris.

212 Recueil de griffonnis, de vues, paysages, fragments antiques et sujets historiques, gravés tant à l'eau-forte qu'au lavis, par M. l'Abbé de Saint-Non; d'après différents

maîtres des écoles italiennes et de l'école française.
1 vol. in-fol., cart.

213 Les Ruines de Paestum ou Posidonia, ancienne ville de la grande Grèce, à vingt-deux lieues de Naples, dans le golfe de Salerne, par G. M. Delagardette. Paris, an VII, 1 vol. in-fol., cart.

214 Œuvre de F. E. Weirotter, peintre allemand ; contenant deux cent-quinze paysages et ruines. A Paris, chez Basan. 1 vol. in-fol., d.-rel.

215 Recueil des plus belles vues des maisons royales de France, par Perelle. 1 vol. in-fol. oblong, contenant cent trente pièces.

216 Voyage dans le Levant, par M. le comte de Forbin. Paris, 1819, 1 vol. grand in-fol., d.-rel.

217 **Verniquet.** Atlas national de la ville de Paris. 1 vol. in-fol., d.-rel., maroq. rouge.

218 **Blondel.** Cours d'architecture enseigné dans l'Académie royale d'architecture. Paris, 1698, 2 vol. in-fol.

219 — Architecture française, ou Recueil des plans, élévations, coupes et profils des églises, maisons royales, palais et hôtels les plus considérables de Paris; avec la description de ces édifices par J. François Blondel. Paris, 1752, 4 vol. in-fol., veau, fig.

220 Topographia Galliæ dat is, en Algemeene en naeukeurige Lant en Plaets-Beschrijvenghe van het Machtige koninckrijck Uranckryck. Amsterdam, J. Broersz en C. Merian, 1660-1663. 4 vol. in-fol., veau, fig.

221 Sous ce numéro, seront vendus quelques ouvrages non catalogués.